AF336031

# BIBLIOGRAPHIE OTTOMANE

## OU

## NOTICE DES LIVRES TURCS

IMPRIMÉS À CONSTANTINOPLE,

DURANT LA PÉRIODE 1290 ET 1293 DE L'HÉGIRE.

## PAR M. BELIN,

CONSUL GÉNÉRAL, PRÈS L'AMBASSADE DE FRANCE,
À CONSTANTINOPLE.

EXTRAIT DU JOURNAL ASIATIQUE.

# BIBLIOGRAPHIE OTTOMANE,

## OU

### NOTICE DES LIVRES TURCS

#### IMPRIMÉS À CONSTANTINOPLE

#### DURANT LA PÉRIODE 1290-1293 DE L'HÉGIRE.

## V.

Cette notice est *la cinquième* de celles que nous avons publiées successivement dans ce recueil depuis 1868. Ayant dû interrompre momentanément ce travail, nous avons le regret de reconnaître qu'il se trouvera probablement dans cette notice quelques lacunes, en ce qui touche uniquement les productions des imprimeries particulières; mais elles sont, d'ailleurs, peu importantes.

Les circonstances qui se sont produites durant ces derniers temps en Turquie n'ont pas manqué d'exercer une certaine influence sur le mouvement littéraire, d'en paralyser l'essor dans une certaine mesure; cependant, ces influences, comme on pourra le constater ci-après, n'ont pas été aussi funestes qu'on aurait pu le redouter. Seulement, le goût des romans, de la littérature légère, des pièces de théâtre, des publications par livraisons, avec *illustrations*, dont l'exécution laisse à désirer, s'est beaucoup répandu et prend chaque jour un nouveau développement. La culture des lettres doit inévitablement se ressentir de cette modification du goût public; quoi qu'il en soit, le nombre des exemplaires fournis annuellement par l'Imprimerie impériale est à peu près le même que celui des précédentes années.

Les livres sortis de l'Imprimerie impériale sont, on le sait, de deux catégories : la première est composée des livres imprimés pour le compte de particuliers; la seconde, de livres classiques, d'instruction religieuse ou d'éducation, tous imprimés par l'État, pour les besoins des écoles publiques de divers degrés.

Nous nous abstiendrons de placer ici la liste de ces derniers, que nos notices précédentes ont fait connaître pour la plupart; nous nous bornerons simplement à indiquer le nombre des exemplaires imprimés.

Le chiffre des exemplaires sortis de l'Imprimerie impériale pour le compte de particuliers a été, pour l'année solaire (mois syriaques) 1290, de 22,750, celui des livres destinés aux écoles, de 130,852.

Il a été, pour l'année solaire 1291, de 38,070 pour la première catégorie, de 95,931 pour la seconde.

Dans l'intervalle écoulé depuis lors jusqu'à la fin de zilhidjé 1293, année lunaire, = 15 janvier 1877, le nombre des volumes sortis des presses de l'Imprimerie impériale, pour les écoles, s'est élevé à 57,500 ; on y remarque le *Mi'iâri sédâd*, معيار سداد « Le parangon de la voie droite », par S. Exc. Djevdet pacha, ministre de la justice ; l'*Histoire générale* d'Ahmed Hilmi efendi, 1er volume réimprimé, puis les 5e et 6e volumes du même ouvrage ; enfin, le *Résumé de l'histoire ottomane*, par S. Exc. Ahmed Véfyq efendi, 8e édition.

Les ouvrages imprimés pour les particuliers, durant la même période, se sont élevés au chiffre de 38,260 exemplaires.

Il y a lieu d'ajouter, en outre, à ces chiffres plus de 200,000 exemplaires d'abécédaires, livres élémentaires de lecture, d'arithmétique, etc., publiés en *djuzv* « cahiers », que nous n'avons pas fait figurer dans cette notice.

Avec sa libéralité ordinaire, S. Exc. Ahmed Véfyq efendi a bien voulu prêter ses soins éclairés à la révision de notre travail ; nous nous faisons un devoir de lui exprimer, pour ce nouveau témoignage de sa bienveillance particulière, l'expression de notre vive et profonde gratitude.

Péra, le 31 janvier 1877.

## 1. THÉOLOGIE, SCIENCES RELIGIEUSES, LÉGISLATION.

1. ابن العابدين « Glose renommée d'Ibn el-Abidin » sur le *Dourri moukhtâr*, et qui a pris son nom de celui de son auteur ; 5 volumes ; Imprimerie impériale. Prix : 280 piastres.

2. اتحاد اسلام رسالهسي «Traité sur l'union de l'is-
lam », par Es'ad efendi ; imprimerie du *Baçiret*. Prix :
4 piastres.

3. ارشاد العبال «Direction des pratiquants », opuscule dit aussi *Achoura riçâlèçy*, relatif aux mérites
attachés aux jours d'*ârifè*, *achoura*, etc., ainsi qu'aux
prières et actes de piété à pratiquer en cesdits jours.
Imprimerie impériale. Prix : 3 piastres.

4. اسماعيل حقّي «Traité de *téçawuf*, et biographie
des saints (*evliâ*) », par Ismaïl Haqqy. Prix : 5 piastres.

5. اظهار لحق «Démonstration de la vérité », livre
rédigé en vue de mettre les musulmans en garde contre les missionnaires ; écrit d'abord en arabe, puis traduit récemment en turc par Mevlâna Eumer Fehmi
efendi, président du *divâni-temïïz* de Bosnie ; imprimé
avec autorisation du ministère de l'instruction publique, à l'imprimerie du vilôïet de Bosnie.

6. بيان حقيقت «Exposition de la vérité », réfuta-
tion, par Ali Haïder beï, membre du conseil des douanes, de certains livres étrangers répandus contre les
musulmans ; Imprimerie impériale. Prix : 3 piastres
et demie. — Ce livre est divisé en trois chapitres : le
premier traite de la condition des sujets non musulmans sous les gouvernements islamiques, et de celle
des musulmans en pays chrétien ; le second, du chris-
tianisme ; le troisième, de la fausse opinion des Francs
à l'endroit de l'islamisme. L'auteur s'étend longue-
ment sur l'inquisition, l'Espagne islamo-chrétienne ;

sur les avantages que les Francs ont retirés des Arabes;
sur les vexations exercées contre ceux-ci, la différence
d'équité existant entre Sultan Suleïman et Charles-
Quint, les excès commis par les Francs au Mexique,
au Pérou et sur les nègres d'Afrique, le tribunal de
la Sainte-Vehme, les causes de la naissance du pro-
testantisme, la Saint-Barthélemy, etc.

7. هدية اسماعيليه « Le présent d'Ismaïl », opuscule
dogmatique, d'Ismaïl Haqqy; imprimerie du *Baçiret*.
Prix : 5 piastres.

8. تعليقات « Adjonctions; observations-annexes »,
par Cheïkh Khâlid, de Bagdad, sur la glose de Sil-
kiouti, relative au commentaire de Khaïâli; Imprimerie impériale. Prix : 15 piastres.

Conf. Hammer, *Journal asiatique*, août-septembre 1846,
p. 256, et *Histoire de l'empire ottoman*, XIV. 503.

9. تعليقات على شرح الاظهار « Adjonctions, observations-annexes au commentaire de l'*Izhâr* », par Son
Exc. Djevdet pacha, ministre de la justice; Imprimerie impériale; petits caractères.

10. تعليقات على المطول « Adjonctions, observations-
annexes sur le *Moutaoual* », par le même; Imprimerie impériale; petits caractères.

11. تفسير كبير « Grand commentaire du Coran »,
intitulé *Méfâtih alghaïb* « Les clefs du monde invi-
sible », par Fakhr Eddin Razi; dix volumes in-4°;
une première édition a paru, il y a une quinzaine

d'années, en six volumes in-fol.; imprimerie d'Ali beï. Prix : 450 piastres.

Conf. sur cet important commentaire, le *Kechf uzzunoun* et la biographie de son auteur dans la *Vie des hommes illustres de l'islamisme*, p. 664, texte arabe, par M. Mac Guckin de Slane.

12. تكملة المناسك « Le guide du pèlerin », complément du *Ménâçik ulhadj*; indication des lieux de visitation et des prières à réciter, etc., le tout présentant un ensemble plus complet que celui des autres livres publiés jusqu'à présent sur ce sujet.

13. تنبيه الغافلين « Avis, exhortation aux négligents », par Loutfi pacha, grand vizir de Sultan Suléïman; 2 volumes; Imprimerie impériale. Prix : 15 piastres.

Conf. Hammer, *Histoire de l'empire ottoman*, V, p. 534.

14. ثمرات الفؤاد « Les fruits du cœur », par Abdullah efendi, commentateur du *Mesnévi; selecta* de ses divers ouvrages sur la création du monde, les dix évangélisés, la famille du prophète, sa descendance, les douze imams, etc. Prix : 25 piastres.

15. جلال حاشيهسى مرجانى « Gloses du *Djilâl* sur les dogmes islamiques », par Merdjâni, lithographié; imprimerie d'Es'ad efendi. Prix : 20 piastres.

16. حاشيهلي قاضى مير « Gloses sur les éléments de la philosophie », par Qâzi-Mîr; imprimerie d'Es'ad efendi. Prix : 20 piastres.

17. حديقة العقلا في ادخار اذهان الفضلا « Le jardin des sages, sur la réconfortation de l'esprit des hommes

vertueux », traité résolvant les points de doctrine au moyen d'arguments tirés de la raison et de la tradition, par le *sadr* Ali Haïder beï efendi, fils du Cheïkh ul-islâm; imprimerie de Mouharrem efendi. Prix : 7 piastres.

18. الحكمة البالغة « La parfaite sagesse », texte et commentaire, par Mevlâna Esseïd Moustafa Kiâmil, surnommé *Iemlikhazâdé el-Bistâni*. Cet auteur a composé plusieurs traités en arabe, en persan et en turc, dont on peut consulter la liste dans la notice littéraire placée en tête de l'ouvrage; Imprimerie impériale. Prix : 4 piastres.

19. خلاصة الميزان « Résumé du *Mizân* de Fénari », par Mehemet Fevzi; Imprimerie impériale. Prix : 7 piastres. Voy. nº 121.

20. خليلية « Traité de morale religieuse », par Ismaïl Haqqy, imprimé pour la première fois il y a trente-six ans; nouvelle édition. Prix : 5 piastres.

21. در المختار تكملهسي « Complément du *Dourrel-moukhtâr* », par Ibn 'Aâbidin; deux volumes; imprimerie d'Ali beï. Prix : 120 piastres.

Voyez ci-dessus, nº 1.

22. ورد شريف وحزب لطيف شرح « Commentaire du livre intitulé *Virdi chérif vè hizbi latif* », par le qoutbi rebbâni Esseïd Escheïkh Iahia Eschirvâni; livre de prières, euctologe de la nombreuse classe des *evrâd*. Prix, relié : 10 piastres.

Conf. notre *Bibliographie*, 1284, nº 10.

1.

23. درر ترجمسى « Traduction du *Dourer* »; Imprimerie impériale. Prix : 85 piastres.

Voir notre *Bibliographie* pour 1288, n° 7, et Hammer, *Journal asiatique*, mars 1844, p. 214.

24. دستور « La règle », troisième volume du recueil général des lois et règlements édictés depuis le 13 zilqaadé 1292 = 12 décembre 1875; Imprimerie impériale; 571 pages. Prix : 1 medjidié de 20 piastres.

Ces différentes dispositions législatives sont rangées sous les titres suivants : administration, justice, finances, douanes, instruction publique, presse, propriété foncière, commerce, travaux publics, vacouf, édilité, médecine, divers.

25. دستور المجاهدين « Le guide des combattants (pour la foi) », lois du *Djihâd* et des choses y relatives; 30 discours (*méqâlé*).

26. رسالة روح انسان « Traité sur l'âme humaine », par Kerîm efendi, membre du conseil de l'instruction publique; Imprimerie impériale.

27. السبعيات « Lectures pieuses pour chaque jour de la semaine; Imprimerie impériale. Prix : 6 piastres.

Conf. notre *Bibliographie* pour 1284, n° 10.

28. شرح عقائد « Commentaire de l'*aqâïd* », par Surri efendi, secrétaire général du vilâïet du Danube, depuis mutéçarrif de Behké; quatre livraisons. Prix : 1 medjidié et demi.

Conf. notre *Bibliographie* pour 1287.

29. شواهد النبوة « Témoignages de la prophétie »,
par Mevlâ Djâmî, traduits par Lâmiy; versets de la
Bible, des Psaumes et de l'Évangile relatifs à Ma-
homet; miracles qui ont précédé sa naissance; biographie des khalifes *Rachidîn*, des douze imams et des
principaux saints, etc.; huit livraisons, à 4 piastres
l'une.

30. سير النبي « Biographie du Prophète », litho-
graphiée; imprimerie d'Es'ad efendi. Prix : 55 piastres.

31. شرح المنار « Commentaire du *Ménâr*, le phare »,
ouvrage de jurisprudence, dont le titre entier est
ainsi conçu : نور الانوار في شرح المنار, par Cheïkh Ibn
Abi Saïd Ibn Abdallah Ibn Abderrezzâq... El-Ha-
nefi, El-Mekki, lequel a terminé son ouvrage à Mé-
dine, en 1105; Impr. impériale. Prix : 25 piastres.

Conf. *Catalogue de la Bibliothèque Silvestre de Sacy*, 1, 389.

32. فرائض « Préceptes obligatoires », version en
vers, par Baïbourti mufti-zâdé Moustafa Haïâti efendi;
exposition claire et lucide des pratiques religieuses
obligatoires. Prix : 3 piastres.

33. فصوص شرح « Commentaire du *Fuçous* », ouvrage de philosophie mystique et panthéiste, par le
docteur Mouhi Eddin Ibn el-Araby; Imprimerie impériale. Prix : 6 piastres.

Conf. d'Herbelot, au mot *Fussous el-Hekam*.

34. كلام قديم « Coran », imprimé par le ministère
de l'instruction publique. Prix : 1 medjidié et demi.

35. كيمياي سعادت « L'essence du bonheur », par le *hudjet ul-islâm*, l'imam Ghazâli ; édition revue et corrigée. Prix : 6 piastres.

36. مجلة احكام عدليه « Code civil », IXᵉ livre (*médjellè*) ; de l'interdiction ; consentement obtenu par intimidation ou violences (*ikrâh*) ; préférence de rachat d'immeuble au prix pour lequel celui-ci a été vendu (*chuf'a*) ; index technologique ; trois chapitres, art. 941 à 1044 ; 14 pages ; 25 zilqydè 1289.

37. *Idem*, Xᵉ livre ; de la société (*chirket*) ; ses différentes espèces ; index technologique ; huit chapitres, articles 1045 à 1448 ; 72 pages ; 13 djémazi-ewel 1291.

38. *Idem*, XIᵉ livre ; du mandat (*vékiâlet*) ; index technologique ; trois chapitres, art. 1449 à 1530 ; 13 pages ; 20 djémazi-ewel 1291.

39. *Idem*, XIIᵉ livre ; de la conciliation (*soulh*), index technologique ; quatre chapitres, articles 1531 à 1571 ; 7 pages ; 6 chaouâl 1291.

40. مجلة احكام عدليه « Code civil », XIIIᵉ livre ; de l'aveu (*iqrâr*) ; déclaration par l'une des parties du droit de l'adversaire ; quatre chapitres, articles 1572 à 1612 ; 10 pages ; 9 djémazi-ewel 1293.

41. *Idem*, XIVᵉ livre ; de la citation en justice (*da'vâ*) ; index technologique ; deux chapitres, articles 1613 à 1675 ; 15 pages ; 9 djémazi-akher 1293.

Ces divers livres sont insérés dans le troisième volume du *Destour*.

42. « Code civil », XV⁰ livre; de la preuve et du serment (*beïïnât u tahlîf*); index technologique; quatre chapitres, art. 1676 à 1783; 32 pages; 26 chaban 1293; Imprimerie impériale.

43. *Idem*, XVI⁰ livre; de la sentence (*elqazâ*); du magistrat prononçant le jugement; index technologique; quatre chapitres, art 1784 à 1851; 17 pages; 26 chaoual 1293; Imprimerie impériale.

Le *Médjellè* sert de base à l'enseignement du droit ottoman à l'École de droit de l'université impériale de Constantinople.

44. *Code civil ottoman*, livre II, du louage, traduit en français du *Médjellè*, par M. Vitchen Servicen, avec l'autorisation du ministère de l'instruction publique; Constantinople, 1875; 51 pages in-8⁰.

Conf. notre *Bibliographie* pour 1287, n⁰ 1.

45. *Idem*, IV⁰ et V⁰ livres, traduits par M. Takvor Baghtchévan Oglou, rédacteur au bureau de la correspondance étrangère, du *Khâridjïè*.

46. *Idem*. Commentaire des *Médjellè*, par Chemsi efendi.

47. مجموعة خازن الدرر « Recueil du magasin des joyaux », par Suleïmân efendi, de l'ordre des Khâlidïè, uléma de la Suleïmânïè de Bagdad. Ce livre traite des divergences d'opinion des ulémas touchant les premiers chapitres du Coran; ceux-ci expliqués d'après des arguments concluants. Prix : 5 piastres.

48. مصحف شريف « Coran », tracé de la main de

Chekir-Zâdé, et imprimé, d'ordre impérial, par le ministère de l'instruction publique. Prix, relié : 20 piastres câïmé (environ 3 fr.).

Ce n'est qu'après des efforts constants, poursuivis pendant de longues années, qu'on a pu parvenir à obtenir l'impression du Coran. On l'imprime maintenant à un nombre considérable chaque année : l'exécution calligraphique en est très-remarquable.

49. مطوّل ترجمه‌سي « Traduction du *Moutaoual* », ouvrage d'Ibn-Hâdjib, sur la métaphysique et la théologie scholastiques. Prix : 4 medjidié.

Voyez d'Herbelot au mot *Motharal*, et Hammer, *Journal asiatique*, 1846, II. p. 273 ; le même, *Histoire de l'empire ottoman*, XVI, 416.

50. وظائف قضات « Traité des devoirs des câdis », par Haçan Sidqy efendi, ancien *nâïb* de Tripoli de Barbarie, traduit en turc ; imprimé avec autorisation du ministère de l'instruction publique. Relié, 15 piastres ; broché, 13 piastres.

51. هداية الاخوان « Le présent fait aux frères », traité des pratiques observées dans l'ordre des Naqychbendiïé. Prix : 3 piastres.

Voyez Hammer, *Journal asiatique*, 1846, II. p. 279, un livre à peu près du même titre.

52. هداية المرتاب في فضائل الاصحاب « Le guide de l'homme qui doute des mérites des compagnons du Prophète », par El-Hadj Ahmed Qoudçi efendi, célèbre uléma de Qonia ; vingt chapitres et un *khâtimé* : Imprimerie impériale. Prix : 10 piastres.

## 2. LITTÉRATURE, MORALE, POÉSIE.

53. بر كيجه بيك « Les Mille et une Nuits », version turque, à deux colonnes. in-4°, avec *illustrations* intercalées dans le texte, publiée par livraisons, dont la 24° partie jusqu'à présent; 334 pages, imprimées, avec autorisation du ministère de l'instruction publique, à l'imprimerie dirigée par Izzet efendi.

Conf. Bianchi. *Journal asiatique*, juillet-août 1843. p. 45.

54. جنابى منهواتي « Notes marginales, منه, sur l'éthique de Djénâbi », par le *sadr* Eumer efendi, de Boudroum (Halicarnasse); Imprimerie impériale.

55. حقّي بك ديواني « Divan de Haqqy beï », accompagné du portrait de l'auteur. Prix : 10 piastres.

56. خرابات « *Cellæ vinariæ* », ou Recueils de morceaux choisis dans les littératures arabe, persane et turque, par S. Exc. Ziâ beï; 3 vol. in-4°; Imprimerie impériale. Prix : 110 piastres.

57. ديوان ومنشآت حلمى افندى « Recueil des œuvres en vers et en prose de Hilmi efendi », de Trébizonde, ancien *mumèïz* du bureau de la correspondance de ce *vildiet*. Prix : 20 piastres.

58. ديوان عصمت « Divan d'Ismet efendi »; Imprimerie impériale. Prix : 12 piastres.

59. رفعت پاشانك اثاري « Œuvres de feu Rif'at pacha », dix livraisons ont paru; imprimerie du *Baçiret*. Prix : 5 piastres la livraison.

60. زبدة العروض « La quintessence de l'art de la versification ». par Djemíl pacha-zâdè Rechid beï efendi. Prix : 10 piastres.

61. شرف خانم مرحومهنك ديوانی « Divan de feue Cheref-Khanum, petite-fille de Nâïli Abdallah pacha. Prix : 10 piastres.

62. علامی ديوانی « Divan de cheïkh Allâmi ; Imprimerie impériale. Prix : 12 piastres.

63. قصيدهٔ برده شرح « Commentaire de la *Caeïdè du Borda* ». par Kharpoutly Eumer efendi ; Imprimerie impériale. Prix : 12 piastres.

Conf. *Bibliothèque Silvestre de Sacy*, II, 340.

64. قافلهٔ شعرا « La caravane des poëtes », biographie des poëtes turcs, par Esseïd Mehemmed Tevfyq, employé à la préfecture de Constantinople ; in-4°, à deux colonnes, avec portrait de l'auteur ; imprimé par livraisons, à l'imprimerie du *Baçîret*. Prix : 1 piastre et demie la livraison. La onzième livraison a paru. Notices biographiques sur les sultans Osman Ghâzi, Mourad II, Mehemmed II, Baïezid II, Selîm Ier, Suleïmân *elqânouni*, Selim II, Mourad III, Mourad IV, etc.

65. كتاب كلستان « Le livre du *Gulistan* », imprimé sur un beau manuscrit de Mirza Aga, surnommé *Sâhibi-Galem* « le calligraphe » ; Imprimerie impériale. Prix : 20 piastres.

66. كلستان تركچه ترجمهسی « Version turque du *Gu-*

listan » de Sâdi; imprimerie de cheïkh Iahia. Prix :
13 piastres.

67. *Idem*, par feu le cheïkh ul-islâm Es'ad efendi;
imprimerie de Suleïmân efendi. Prix : 16 piastres.

68. *Idem*, commentaire de Soudi; imprimerie
d'Ali pacha. Prix : 55 piastres.

69. كنعان بك مرحوم منثور ومنظوم بعض آثاري « Quelques œuvres », en vers et en prose, de feu Ken'ân
beï.

70. لطائف روايات « Récits agréables », par Ahmed
Midhat efendi, publiés par livraisons. Du même auteur, منفا « l'exilé », rédigé durant trois années d'exil.

71. المحاضرات الادبيه « Conversations morales »,
recueil de sentences rapportées des premiers temps
de l'islamisme et des philosophes anciens, par Esseïd
Ibrahim Façîh efendi elhaïderi, elbagdâdi, membre
du conseil de l'instruction publique; tout arabe, à
l'usage des écoles *ruchdïïé*; Imprimerie impériale.

72. منتخبات آثار عثمانيه « *Selecta* de la littérature
ottomane », choix de morceaux littéraires, tirés des
principaux écrivains, en vers et en prose. Prix :
10 piastres.

73. نابي كلياتي « Œuvres complètes de Nâbi »,
édition revue et corrigée. Prix : 20 piastres.

74. هايون نامه « Le livre royal », publié par livraisons, au prix de 1 piastre et demie l'une.

Conf. Bianchi, *Journal asiatique*, juillet-août 1843, p. 44

### 3. HISTOIRE, BIOGRAPHIE.

75. احوال غزوات در ديار بوسنه « Récit des guerres de Bosnie », écrit en 1152. Prix : 5 piastres.

76. اتش ظفر « Le fondement de la victoire », histoire de la destruction des janissaires, publiée par livraisons, au prix de 1 piastre et demie l'une.

Conf. Hammer, *Histoire de l'empire ottoman*, XIV, 567. La première édition, imprimée à Constantinople, était de 1243.

77. ايطاليا تاريخي « Histoire d'Italie »; Imprimerie impériale. Prix : 20 piastres.

78. بغدادده كولامن حكومتي « Gouvernement des mamlouks, à Bagdad », histoire des mamlouks qui se sont établis à Bagdad, en 1163 de l'hégire (1749-1750), et y sont restés durant quatre-vingt-quatre ans, jusqu'à l'entrée d'Ali Riza pacha, vâli de Bagdad.

79. مكمل تاريخ عالم « Histoire complète du monde », par Suleïmân pacha, directeur des écoles militaires, publiée par livraisons.

80. تاريخ عطا « Histoire » des règlements et institutions en vigueur dans le palais impérial, par Ahmed Ata beï; réimpression, augmentée de quelques biographies et du récit des événements arrivés sous les règnes des sultans Selîm, Moustafa, Mahmoud et Abdul Medjid. Le cinquième volume est sous presse. Imprimerie du *Baçiret*. Prix : 40 piastres le volume.

81. تحفة الكبار في اسفار البحار « Histoire des guerres maritimes », par Kiâtib Tchélébi, avec cartes; im-

primé en 1141. Cet ouvrage a été revu, corrigé et réimprimé avec autorisation du conseil supérieur de l'instruction publique, par Suleïmân efendi. Prix : 1 piastre et demie la livraison.

82. تحفة الوقائع « Le présent des événements », histoire ottomane, depuis 1272 de l'hégire jusqu'à 1293. 2 volumes. Prix : 1 medjidié l'un.

83. ترجمة دقائق الاخبار « Traduction du *Daqâïqul-akhbâr* », les finesses de l'histoire, par Chevket efendi.

84. جودت تاريخى « Histoire de Djevdet », comprenant les années 1223 à 1226 de l'hégire, avec un appendice de vingt et un documents officiels et le portrait d'*Alemdâr* Moustafa pacha. 9ᵉ volume; Imprimerie impériale; 382 pages. Prix, relié : 35 piastres.

85. دستورچه « Précis sommaire des éléments de la grammaire persane », expliqué en turc, par Mirza Habib, professeur de langue persane au Lycée impérial ottoman; 82 pages, lithogr.; publié par les soins de la Société ottomane d'enseignement.

86. دولت عليه تاريخى « Histoire de la Turquie », par Fondouqlou Mehemmed efendi, l'un des historiens renommés de l'empire, publiée par livraisons hebdomadaires, du prix de 1 piastre et demie l'une.

87. روضة آل عبا « Le jardin de la famille de l'aba » (de la famille des derviches, de ceux qui portent le manteau religieux dit *aba*), livre chiite, par Nuzhet efendi; Imprimerie impériale.

88. خبر صحيح « Histoire véridique », par un anonyme (le professeur Abdi efendi). 5 livraisons, contenant les événements des règnes des sultans Suleïmân Elqânouni et Selîm II, les expéditions militaires du premier en Hongrie, et celles de Khaïr eddîn Barberousse. Prix : 20 piastres caïmé.

89. خير الدين پاشا ترجمه حالي « Biographie de Khaïr eddîn pacha, par Tevfyq efendi; imprimerie du *Baçiret*. Prix : 10 piastres.

90. خيوه سياحتنامهسي وتاريخي « Voyage et histoire de Khiva », avec planches; traduit de l'anglais, par Ahmed efendi, professeur à l'École impériale de marine, revu par Saad Oullah beï, membre de la cour des comptes. Récit de la campagne des Russes contre Khiva; notes historiques sur le pays; publié par livraisons; imprimerie du *Baçiret*. Prix : 6 piastres et demie la livraison.

91. سورنامهٔ هايون . Récit des fêtes données à l'occasion de la circoncision du fils de Sultan Ahmed III, par Vehbi; 17 livraisons.

Conf. notre *Bibliographie* pour 1282.

92. سوريه مظفريتي « Victoires de Syrie », hauts faits des guerriers musulmans, par Haqqy efendi, sous la signature *Mouhsin*; rédigé durant son séjour à Acre; 3 livraisons; imprimerie du *Baçiret*.

93. سيدي يحيى « Récit », avec planches, des douloureux événements de la reprise de l'Espagne par les Espagnols, par Sidi Iahia. Prix : 8 piastres.

94. شوكتنماي عثماني « Tableau de la puissance ottomane », récit, en vers, des principaux faits de l'histoire ottomane, depuis l'origine de la monarchie jusqu'à nos jours. Prix : 1 piastre et demie.

95. صاعقة ظفر « Les foudres de la victoire », exposé des causes de la dernière guerre de Russie (1270); mouvements diplomatiques et militaires; accompagné de plus de 40 planches lithographiées, par Guiritli Huçeïn Husni, ancien gouverneur de Safad; 2 volumes. Prix : 1 medjidié l'un.

96. ضيا الدين نقشبندي مناقبي « Biographie de Zia eddîn Naqychbendi »; Imprimerie impériale. Prix : 6 piastres.

97. فرانسه ويروسيا محاربه سنك وقائع مهمه ويوليتيغيهسي « Événements politiques et autres de la guerre franco-allemande », avec planches; 13 livraisons, du prix de 5 piastres l'une.

Conf. notre *Bibliographie* pour 1488, n° 34.

98. لطفي تاريخي « Histoire ottomane de Loutfi », l'historiographe actuel de l'empire; publiée par livraisons; Imprimerie impériale. Prix : 30 piastres. Le troisième volume a paru.

99. مرأت تاريخ عثماني « Miroir de l'histoire ottomane », tableau de l'histoire ottomane, depuis l'origine de la monarchie jusqu'à nos jours; approuvé par le ministère de l'instruction publique pour l'enseignement des écoles *ruchdiïé*. Prix : 16 piastres.

١٠٠. مشاهير عثمانية « Les hommes illustres de la Turquie », dans les sciences, l'administration et l'armée; biographies, accompagnées de portraits; trois livraisons; la première contient la biographie, avec portrait, de Khaïr eddin pacha. Prix : 4 piastres l'une.

١٠١. تاريخي يمن « Histoire du Yemen », par Hadji Râchid pacha, général de brigade des *rédif* de la garde. 2 volumes; imprimerie du *Baçiret*.

#### 4. SCIENCES DIVERSES.

١٠٢. سياحتنامهسي افريقا « Voyage en Afrique », avec planches, traduit de l'anglais, par Ahmed efendi, officier de marine; imprimerie du *Baçiret*. Prix : 100 piastres.

١٠٣. امعان الفكر في الهيئة الجديده « La fixation de la pensée sur la cosmographie moderne », par Esseïd Ibrahim Façih Ibn Esseïd Sabghat Oullah, elhaïdari, elbagdâdi, membre du conseil de l'instruction publique; préface et trois chapitres; tout arabe; Imprimerie impériale.

١٠٤. اميد بروى سياحتنامهسي « Voyage au cap de Bonne-Espérance », par Eumer Loutfi, élève d'El-Hadj Abou Bekir efendi, envoyé, en 1279, par le sultan, dans ces contrées, pour y répandre l'instruction parmi les musulmans habitant cette partie de l'Afrique; notions et observations géographiques, topographiques et philologiques sur ce pays, comme sur les pays visités, à l'aller et au retour, par l'auteur. Prix : 5 piastres.

105. اسباب الهندسة « Démonstration de la géométrie », traduite du français en turc, par Ahmed Sáïb beï. Prix : 10 piastres.

106. مصور وصلنامي تكميل مزيد. Réimpression augmentée du 5ᵉ annuaire, *illustré*, par Iouçouf Bedr Eddin efendi, portraits de plusieurs souverains et du grand-vizir Es'ad pacha, avec la biographie de ces personnages. Prix : 4 piastres et demie.

107. حكومت مشروطه « Gouvernement constitutionnel », par Es'ad beï, secrétaire du tribunal maritime; brochure vendue au profit de l'armée, avec autorisation du ministère de l'instruction publique; ensuite cette brochure a été saisie. Prix : 2 piastres.

108. سالنامه « Annuaire » pour les années 1290, 1291 et 1292.

109. سالنامه « Annuaire impérial » pour 1293, 31ᵉ année; dressé par Halet beï efendi, *mektoubdji* de l'Instruction publique; 255 pages.

Quoique ce ne soit pas précisément le lieu d'en parler dans cette notice, nous croyons ne pas devoir omettre de signaler ici l'*Annuaire impérial* pour l'année courante 1294, qui vient de commencer, et auquel l'auteur, Halet beï, a donné un développement considérable. Cet *Annuaire*, qui se compose de 626 pages, contient un grand nombre de renseignements fort utiles pour quiconque s'occupe de la Turquie et de ses diverses institutions. Prix : 15 piastres.

110. سالنامه‌سی سعيد بحر جزاير « Annuaire du viläiet des îles de la Méditerranée »; 8ᵉ année. Prix : 10 piastres.

111. سالنامه‌سی طربزون « Annuaire du viläiet de Trébizonde » pour 1293. Prix : 12 piastres.

112. سالنامه « Annuaire » pour les viläiets des îles de la Méditerranée, de Bosnie, Qonia, Danube et Diarbekir.

113. شمسيه « Calendrier solaire » pour l'année 1290; Imprimerie impériale. Prix : 2 piastres.

114. كيميا فذلكة « Traité de chimie » de Pelouze, traduit en turc par Khaïr Eddîn beï, professeur à l'École impériale de médecine. Prix : 20 piastres.

115. حساب كافية مسائل « Recueil de problèmes arithmétiques », par Mehemmed Emîn efendi, professeur à l'École préparatoire de médecine militaire. Prix : 20 piastres.

116. دول معاملات « Relations internationales », par Azîz beï, secrétaire du ministère de l'instruction publique; Imprimerie impériale. Prix : 4 piastres.

117. *Dictionnaire turc de géographie*, par Huçeïn beï, directeur des études à l'École préparatoire de médecine, en collaboration avec Es'ad efendi, greffier au tribunal maritime de commerce.

118. Carte de la Servie, de l'Herzégovine et du Monténégro, avec une partie de la Bulgarie et les

vilaïets de Prizren et de Scodra, traduite de Kiepert, et dessinée par un officier d'état-major. Prix :
10 piastres.

### 5. LINGUISTIQUE, RÉDACTION.

119. احترى لغتي « Dictionnaire arabe-turc d'Akhtéri »; Imprimerie impériale; petits caractères.

Conf. Hammer, *Histoire de l'empire ottoman*, XIV, 506.

120. تعلم لسان « Enseignement de la langue »; réimpression de la grammaire française traduite par Khalil beï efendi.

121. خلاصة الميزان « Résumé du livre intitulé *Mizan uledeb* », de Houçâm Eddin; Imprimerie impériale. Prix : 7 piastres.

Conf. Hammer, *Journal asiatique*, mars 1843, p. 260. Cet ouvrage est fort estimé dans les écoles ottomanes; c'est une petite encyclopédie des cinq premières parties des études philologiques : *essatf, ennahv, elmêâni, elbêân, elbedi*, la grammaire, la syntaxe, l'exposition, etc.

122. مقصود شرح « Commentaire du *Maççoud* », ou division des verbes, composé, selon l'opinion générale, par l'imam Iouçouf Hanéfi; Imprimerie impériale. Prix : 8 piastres.

Conf. Hammer, *Histoire de l'empire ottoman*, XIV, 502.

123. زبدة الصرف « Exposé sommaire de la grammaire », par Kérim efendi, membre de l'instruction publique; Imprimerie impériale. Prix : 10 piastres.

124. قاموس « Grand dictionnaire de la langue

arabe »; réimpression de ce livre (*Qâmoûs*) sur un nouveau plan; publié par livraisons.

125. كنز اللغات « Le trésor de la langue », traité, sur deux colonnes, destiné à enseigner la langue arabe aux Turcs, et réciproquement; vocabulaire arabe, persan et turc, par Fârès el-Khoûri, de Beïrout. Prix : 20 piastres.

126. لغجة عثماني « Dictionnaire ottoman », par S. Exc. Ahmed Véfyq efendi; deux volumes suivant la même pagination : en tout 608-1293 pages; imprimé à l'Imprimerie impériale par la Société ottomane d'enseignement. Redjeb 1293.

Cet ouvrage, dressé d'après un système entièrement nouveau, est précédé d'une préface indiquant le plan adopté par l'auteur.

Voyez *Journal asiatique*, août-septembre 1876, la notice de M. Barbier de Meynard, et notre propre notice dans la *Revue critique d'histoire et de littérature* du 21 octobre, même année.

127. مباني الانشا « Principes de style », par Suleï-mân pacha, directeur des écoles militaires; mis en vente au prix de l'impression.

128. مرآت اللغات « Le miroir de la lexicologie ». Prix : 1 medjidiié.

129. مفتاح البلاغة « La clef du beau langage », par Ismaïl Enguravi. Prix : 10 piastres.

130. مكالمات رساله سي « Guide de la conversation », par Mikhalaki Gregoriadis, pour apprendre à tra-duire du français et du grec en turc. Prix, la partie

française, 1 tcheïrek et quart; la partie grecque,
5 piastres.

131. منشآت عثمانيه « Le secrétaire ottoman »; Imprimerie impériale. Prix : 3 piastres et demie.

132. منطق دوجكسى « Version turque du *Mantyq* »,
nouvelle logique, traduite de l'italien, par un anonyme. Prix : 7 piastres et demie.

—————

Au moment de mettre sous presse, une triste nouvelle
nous arrive de Constantinople. M. Belin vient de succomber
à la suite d'une douloureuse maladie. Tous les membres de
la Société asiatique partageront les regrets que nous laisse la
perte de cet homme de bien qui, pendant près de trente ans,
fut pour nous un ami dévoué, pour le *Journal* un collabora-
teur dont le zèle ne s'est jamais démenti. — Nous revien-
drons plus tard sur la vie et les travaux de notre regretté
confrère.

B. M.

IMPRIMERIE NATIONALE. — 1877.